AF257266

LE PRINCE

DE BISMARCK

ET

SA POLITIQUE EUROPÉENNE

PAR

UN ANONYME

PARIS

AUGUSTE GHIO, ÉDITEUR

Palais-Royal, 1, 3, 5, 7, galerie d'Orléans

1887

LE PRINCE
DE BISMARCK

ET

SA POLITIQUE EUROPÉENNE

LE PRINCE

DE BISMARCK

ET

SA POLITIQUE EUROPÉENNE

PAR

UN ANONYME

PARIS

AUGUSTE GHIO, ÉDITEUR

Palais-Royal, 1, 3, 5, 7, galerie d'Orléans

—

1887

LE
PRINCE DE BISMARCK
ET
SA POLITIQUE EUROPÉENNE

PRÉFACE

Dans ce petit ouvrage que je viens vous soumettre et pour lequel je réclame un accueil bienveillant, je me suis proposé un triple but.

Le premier est d'employer mes faibles efforts au service de ma patrie en tâchant de prêcher la concorde et l'union entre les différentes factions politiques, et de former ainsi une puissante phalange contre notre ennemi commun.

Le second est de rendre service à l'Europe en général et surtout aux différentes puissances de l'Ouest en leur montrant les arrière-pensées de celui que quelques-uns sont portés à croire leur ami et d'autres leur protecteur.

Le troisième enfin est de rendre service à ce personnage lui-même en montrant son hypocrisie

1

politique et en le réduisant au niveau commun :
c'est-à-dire au niveau d'homme.

Il y a des gens qui croient servir leur patrie en
rallumant d'anciennes rivalités avec des puissances
dont ils devraient tâcher de s'acquérir les alliances, ou tout au moins la neutralité pour le temps
présent ou pour un futur prochain et remettre à
demain les affaires sérieuses avec elles si toutefois
il existe réellement des affaires sérieuses. En agissant comme ils le font, ces messieurs ne font que
lui créer de nouveaux embarras et donner de
nouvelles forces à l'ennemi commun et en même
temps à l'adversaire de leur patrie.

Il serait temps que ces gens ouvrissent leurs
yeux, car il n'est pas de pire aveugle que celui qui
ne veut pas y voir.

Je pourrais citer M. Édouard Drumont, qui, dans
son ouvrage la *France Juive*, cherche à aliéner une
partie de la communauté française, puissante et
par ses talents et par ses richesses.

A mon avis je crois que les Juifs de France sont
d'aussi bons citoyens que M. Édouard Drumont
lui-même. Ils sont nés en France. Ils appellent le
sol français leur patrie et savent aussi souvent que
les autres citoyens se sacrifier à son service.
Peut-on leur en vouloir si, grâce à leurs talents et
à leurs efforts, ils sont arrivés à se créer des positions indépendantes ? Non ; le champ est ouvert à
tout le monde. Laissez les Juifs français en paix.
Nous sommes tous d'un pays qui nous est cher,

soyons unis, vivons et mourons pour lui! Ven-
geons-nous, je ne dis pas de nos défaites, mais du
tort qui nous a été fait. Brisons les chaînes de
l'esclavage qui nous ont été imposées par une force
brutale et après vivons en paix !

BISMARCK

L'un des plus grands hommes des temps modernes, dans le monde politique, est sans contredit le grand chancelier d'Allemagne, le prince de Bismarck.

Personne ne peut nier que ce soit à son génie et à son habile politique que l'Allemagne ne doive son unité présente et le vieux Guillaume sa couronne impériale. Bismarck n'a pas cherché ni suivi l'exemple de Bonaparte voulant se créer un trône pour lui-même et ses descendants. Il a été plus habile dans ses calculs et il a suivi la voie la plus certaine pour arriver à son but. Il ne pouvait se poser en conquérant comme Napoléon Ier, parcourir l'Europe avec ses armées et réduire tout par la force des armes, mais enfermé dans son cabinet et du fond de son fauteuil il met en mouvement l'armée de son intelligence et dirige ses émissaires qui obtiennent pour lui une conquête plus certaine qu'aucun fait d'armes le plus éclatant.

Il est vrai que l'Allemagne n'est pas un pays riche, malgré les cinq milliards de francs dont la France lui fit présent en 1871.

Une dizaine d'années avant cette époque elle

l'était encore bien moins; toutefois, dans sa pauvreté, Bismarck trouva les moyens d'acheter l'amitié et les services des Ducs, Archiducs, Princes et même des Rois de la race Allemande. Bismarck ne travaille qu'au nom du roi son maître. Cependant, bien que ce soit au nom de l'empereur d'Allemagne qu'il ait travaillé ou qu'il travaille, quel est celui qui a obtenu le plus d'honneur, le Roi de Prusse empereur d'Allemagne ou Bismarck? Sans nul doute la réponse n'est pas très difficile à trouver. Entend-on le nom de Guillaume ou celui de Bismarck dans la bouche d'un Européen? C'est toujours Bismarck; l'Allemagne se trouve incarnée dans Bismarck et presque tout entier le monde politique. Ainsi, voyons-nous que le prince, tout en travaillant pour la gloire de son souverain, a pour ainsi dire travaillé pour la sienne.

Peut-on le lui reprocher?

Bien loin de là. Tout homme peut critiquer sa politique, mais on ne peut s'empêcher de louer l'homme qui, durant toute sa vie, n'a cherché que la gloire et la grandeur de son pays; et, tout en cherchant cette gloire et cette grandeur, il a en même temps trouvé moyen de s'attribuer ces deux honneurs.

Bismarck, en véritable élève de Machiavel, est guidé par les deux devises suivantes: La fin justifie les moyens: La force prime le droit.

Dans sa politique intérieure, il a fait briller aux yeux des petits princes Allemands les grands avan-

tages de leur union en un grand empire, avantages
commerciaux et avantages politiques. Connaissant
la vérité de cet adage : L'Union fait la Force, les
Allemands virent que, s'ils étaient unis ensemble,
leurs forces réunies pourraient lutter avec avantage contre la première puissance de l'Europe,
surtout avec un génie militaire à leur tête tel que
de Moltke. Et ceci la Prusse le prouva en 1866 dans
sa lutte avec l'Autriche. Les résultats de cette
guerre éblouirent les yeux Allemands, et quand la
guerre de 70-71 éclata, le reste de l'Allemagne ne
se sentit que trop heureuse de combattre sous
l'étendard de l'armée Prussienne et, leurs efforts se
trouvant couronnés par des succès si inattendus,
Bismarck vit alors le rêve de sa vie entièrement
accompli.

La couronne impériale fut placée sur l'auguste
tête de son souverain, et Guillaume, quittant Berlin
simple roi de Prusse, y retourna empereur d'Allemagne. Sans doute le prince avait promis à ses
alliés, pour prix de leur alliance et aussi pour prix
de leur union, de grandes sommes d'argent.

Le tout était de payer. La France, avec cinq milliards, solda les ducs et les rois et engraissa toute
la famille du prince. L'Allemagne seule resta aussi
pauvre qu'auparavant.

L'Allemagne vainquit la France en 1871. C'est
la fortune de la guerre ; la France peut, elle aussi,
vaincre l'Allemagne en 1891. Une fois que la France
se vit obligée de mettre bas les armes et de solli-

citer la paix, le vieux Bismarck aurait dû découvrir ses cheveux blancs devant sa rivale, lui tendre la main, demander une indemnité de guerre raisonnable et ne jamais exprimer le désir d'avoir un pied au delà du Rhin.

En agissant ainsi, l'Allemagne voudrait s'être fait une amie de la France, car cette contrée, quoique fière, oublie vite une défaite, surtout quand la partie conquérante fait tout son possible pour la lui faire oublier ; tandis que Bismarck s'en est fait une ennemie mortelle et acharnée, une ennemie qui, comme un autre Hamilcar, livrera sa haine à sa postérité et ne sera jamais satisfaite qu'elle n'ait lavé son affront dans le sang de l'Empire germanique.

Il est possible que Bismarck crut ruiner entièrement la France en lui imposant cette pesante contribution de guerre ; il a été loin d'atteindre son but. Il fallait qu'il lui pardonnât ou qu'il en fît une province allemande ; il ne prit aucune de ces deux alternatives et laissa échapper une chance sur laquelle il ne sera pas assez heureux pour remettre la main.

La fortune des armes, en 1870, tourna en faveur de l'Allemagne, mais est-il probable qu'elle secondera une seconde fois les armes prussiennes ? Supposons que, dans une nouvelle guerre, l'armée française sorte triomphante de la lutte, le prince de Bismarck, ou son successeur, doit s'attendre à rembourser les cinq milliards de 1871. L'Allemagne est-elle sûre de trouver cette somme aussi promptement que la France? C'est fort douteux.

BISMARCK ET LA RUSSIE

A l'est de l'Empire allemand se trouve situé son plus grand et terrible antagoniste, la Russie.

Comme l'Allemagne, c'est un nouvel empire presque de récente date, sorti de l'oubli dans les deux derniers siècles et aujourd'hui le plus grand empire du monde. Si j'étais prophète, je serais incliné à prédire un très brillant avenir à cette grande nation qui, en plusieurs points, ressemble à la France.

Laissez une fois les czars reconnaître la nécessité, la justice et les avantages d'une ample liberté politique pour leurs sujets, comme par exemple l'Angleterre de nos jours; laissez encore les citoyens russes reconnaissants se ranger à côté de leur souverain et alors cette nation peut, à elle seule, défier le monde.

Bismarck, en homme habile, voit parfaitement cet état de choses et sachant, de plus, que les relations entre Allemands et Russes sont loin d'être cordiales, il tâche de conserver, par tous les moyens possibles, l'amitié de ce rival et d'empêcher les progrès de la liberté en Russie en faisant croire au czar que sa vie, son trône, son intérêt et l'intérêt de la postérité dépendent de son gouvernement.

Point de liberté politique, conseille Bismarck à Alexandre.

Si Bismarck jette ce cri, c'est que la Russie est un immense empire, jeune, fort et belliqueux, par conséquent très dangereux pour l'empire d'Allemagne. Son plan est très net : Paraître le plus possible l'ami du czar et obtenir ses bonnes grâces. Lui présenter continuellement le spectre d'une révolution sanglante ; les nihilistes auteurs de cette révolution, son trône secoué et réduit en poudre ; ses enfants égorgés par les agents des sociétés secrètes ; enfin, l'engager à ne pas céder un pouce à cette immense partie du peuple russe si pleine d'ardeur pour la liberté de son pays, et l'écraser sous son talon de fer.

Nous savons tous qu'une alliance renouvelée, de temps en temps, avait été conclue entre les trois empereurs de l'Est, c'est-à-dire la Russie, l'Autriche et l'Allemagne. Les résultats de cette alliance furent, quelque temps après la guerre franco-allemande, une guerre entre la Russie et la Turquie. Cette dernière n'étant pas, comme en 1854, supportée par les alliés, fut complètement vaincue et la Russie sortit victorieuse. Le czar, prenant exemple sur Bismarck, demanda comme indemnité de guerre une grosse somme d'argent, que la Turquie n'a pas encore fini de solder et qu'il est fort probable qu'elle ne soldera jamais.

Les desseins de la Russie étaient de s'emparer de Constantinople; car une fois maîtresse de cette ville, et ayant un pied dans la Méditerranée, elle verrait son commerce, n'étant plus confiné dans les mers du Nord, faire des progrès rapides et venir verser dans son sein des trésors considérables.

Bismarck savait bien que la Russie serait prévenue par une puissance étrangère d'accomplir ses desseins, et c'est pourquoi il fit semblant de lui donner son entière approbation. « Attaquez la Turquie, dit-il à l'empereur Alexandre, et je vous promets, de ma part et de la part de l'Autriche, une neutralité aussi complète que fut la vôtre en ma faveur lors de la guerre de 1870. La France n'osera faire un pas en avant, elle a trop peur de moi ; quant à l'Angleterre, se trouvant entièrement isolée, elle se contentera d'une protestation toute pacifique ».

Le lion anglais fit plus que de protester, il hérissa sa crinière et commença par montrer ses griffes. L'ours de Russie n'osa pousser plus loin ses pas en Orient devant l'attitude de l'Angleterre. C'est alors que l'aigle de Prusse, quittant son observatoire, vint se poser en médiateur bienveillant, couvrant de ses ailes les deux pays prêts à s'entre-dévorer. C'est alors aussi que, dans la capitale de l'empire d'Allemagne, fut composé ce chef-d'œuvre de diplomatie moderne à laquelle on donna le nom de Traité de Berlin, mais qui mérite mieux d'être appelé : l'Enchevêtrement du nœud gordien des Balkans. C'est dans ce traité que Bismarck montra son incomparable habileté à distribuer, à certains partis, des biens chimériques qu'ils crurent d'une très grande importance et à créer, à la Russie et à l'Autriche, de très grandes difficultés pour l'avenir. A l'Angleterre, pour s'être posée en amie de la Turquie, il assigna Chypre. L'Autriche fut récompensée de sa neutralité par le protectorat de la Bosnie et de l'Herzégovine, protectorat qui se changera plus tard en une entière possession. La Russie. outre la promesse de quelques millions de roubles, eut la satisfaction de se voir proclamer la libératrice des nations, en fondant de nouveaux royaumes et de nouvelles principautés, et en plaçant sur ces trônes des princes amis.

Bismarck eut la satisfaction de voir son ami le czar arrêté dans son entreprise en Orient et cela grâce à lui. C'est avec peine que le chancelier de fer eût vu une place d'une telle importance que Constantinople tomber entre les mains russes, encore moins dans celles des Anglais. Si cette conquête pouvait échoir à l'Allemagne, bon ; mais, pour le moment, il n'y fallait pas songer. La Russie est déjà assez puissante et ce serait une faute de la laisser s'arrondir, du moins en Europe ; telle est l'idée fixe du prince.

Quant à l'Angleterre, elle est trop souveraine et trop grasse, et c'est avec de gros yeux pleins de ja—

lousie que Bismarck la regarde. L'Allemagne, se dit-il, doit devenir un jour la première puissance européenne ; et par la ruse et par la force, il me faut obliger les autres pays à se soumettre à elle. Mon premier soin a été de créer un vaste empire Allemand, mon second est d'affermir cet empire, mon troisième est d'étendre ses limites.

Pour travailler à l'affermir, il faut que l'Europe soit en paix, surtout et à tout prix prévenir un conflit entre la Russie et l'Angleterre qui aurait pour théâtre la Turquie. Aussi Bismarck fit-il tous ses efforts pour assurer le Traité de Berlin.

A la Russie, il représenta que le meilleur moyen de frapper un coup décisif à l'Angleterre était de l'attaquer dans les Indes et suivre ainsi la politique de Napoléon Ier ; qu'en ce moment le gouvernement anglais était trop déterminé à s'opposer à l'occupation de Constantinople ; et que si le czar persévérait dans son intention de tenter le sort des armes, l'étendard anglais flotterait bientôt sur les murs de la capitale des Sultans ; qu'il serait fort difficile, pour ne pas dire impossible, à la Russie de pouvoir le déloger d'une position que le lion anglais serait fort aise de retenir dans ses griffes ; qu'ainsi, au lieu d'avoir à ses portes un ennemi faible comme la Turquie, le czar en aurait un d'une puissance incontestable. Pour lui, bien qu'il se sentît fort disposé à mêler ses armes aux siennes et à venir à son aide, il avait tout à craindre de la France, qui ne cherchait que le moment favorable pour prendre sa revanche et lui tomber sur le dos.

Cette nation, dit Bismarck, s'était considérablement relevée de sa défaite ; son armée est nombreuse et sa marine, alliée à la marine anglaise, causerait trop d'embarras et nous ruinerait complètement. Attendez donc, mon cher czar, que j'aie fait de l'Espagne et de l'Italie des amies et des alliées. Alors vous pourrez recommencer le jeu avec plus d'avantages.

L'Empereur de Russie, se rendant au raisonnement du grand Chancelier, se retira chez lui.

A l'Angleterre Bismarck montra l'importance de l'île de Chypre comme étant la clef du Bosphore, il eut néanmoins grand soin de ne pas lui dire que la possession de ce coin de terre devait lui attirer les mauvaises grâces de la Turquie.

Quelques années après, Alexandre II, l'un des meilleurs souverains de l'empire Russe, mourut de la mort épouvantable relatée dans l'histoire du monde et dont les lecteurs ont certainement lu les relations.

En passant, j'espère qu'il me sera permis de donner cours à mes opinions qui, je l'avoue, sont d'un bien faible poids auprès de certaines factions politiques, concernant de tels attentats.

A mon humble avis, je ne crois pas que la liberté, l'égalité et la fraternité puissent être obtenues par le crime ou l'assassinat. Instruisez les peuples que vous voulez affranchir et le jour vien-

dra où ces peuples que vous aurez instruits, se
connaissant eux-mêmes et connaissant leurs pro-
pres forces, pousseront un tel cri pour la liberté
que leurs rois, princes, ducs ou présidents ne pourront s'empêcher de les entendre et de leur accor-
der ce qu'ils demandent. Les peuples, étant instruits, connaîtront le prix de ce qu'ils auront
obtenu et sauront en faire un sage usage ; tandis
que, sans instruction, la liberté serait une arme
dangereuse dans leurs mains ignorantes avec laquelle ils commettraient leur propre suicide.

Alexandre II, ayant disparu de la scène du monde,
eut pour successeur au trône des Czars son fils
Alexandre III.

D'abord, les relations de Bismarck avec ce prince
ne furent pas des plus cordiales, mais le gros cour-
tier Allemand eut bientôt gagné la confiance du
fils comme il avait obtenu la confiance du père,
et le résultat de ce fac-similé d'amitié fut le renou-
vellement du traité d'alliance offensive et défen-
sive des trois empereurs.

La question de l'Est ne fut pas renouvelée par le
présent empereur de toutes les Russies.

Il vous est fort difficile, lui dit Bismarck, de vous
emparer de Constantinople en ce moment. Portez
donc vos armes en Asie. Emparez-vous de l'Afghanistan, n'importe à quel prix, tout en ne donnant
pas trop d'ombrage à l'Angleterre. Après cette
conquête, voilà la Perse que vous devez soumettre
et vous aurez alors un pied dans la mer du Nord

et un pied dans la mer du Sud ! Une fois votre empire affermi dans ces deux contrées, vous pouvez tourner vos yeux vers les possessions Anglaises des Indes. Vous portant en libérateur des tribus indiennes, vous les verrez courir en foule sous vos étendards, et cette riche et immense contrée deviendra votre patrimoine. Quant à moi et à l'Autriche, nous tiendrons en échec les autres puissances Européennes qui, je l'espère, n'oseront bouger.

La Russie essaya et essaye en ce moment encore de pouvoir mettre cette politique à exécution. Profitant, comme le Chancelier le croyait, du timide gouvernement de M. Gladstone, qu'il croyait entièrement absorbé par les affaires intérieures de sa patrie, et désireux de conserver coûte que coûte la paix extérieure, surtout avec la Russie ; profitant encore du faux pas où l'Angleterre se trouvait placée en Égypte, le Czar fit un pas vers la frontière Afghane.

Gladstone n'avait pas entièrement ses yeux fixés sur l'Angleterre, et son gouvernement était loin d'être timide. Il attendit patiemment le moment propice pour s'élancer devant sa proie qu'il n'avait nullement envie d'avaler.

Un beau jour il rompit son long silence devant le Parlement Anglais. A ses appels patriotiques, les Anglais ouvrirent leur bourse afin de lui fournir les moyens nécessaires pour résister à la Russie ; et celle-ci, une fois encore, eut à poser devant le lion Britannique.

Bismarck, pour plaire à son souverain, fut obligé de découvrir sa tête devant l'Angleterre et à chercher à arrêter pour un temps la marche un peu trop rapide de l'empereur de Russie.

Ne donnez pas de suite à vos projets, dit Bismarck au Czar, attendez patiemment, gardez ce que vous avez déjà acquis, passez votre temps à construire des chemins de fer en Asie, — lignes ferrées qui pourront transporter avec rapidité vos troupes sur les frontières de l'Afghanistan.

Alexandre crut que Bismarck avait raison et il fit semblant de s'arrêter.

BISMARCK ET L'AUTRICHE

La position topographique de l'Autriche est d'un grand avantage à la politique de Bismarck. Ayant pour voisins la Russie, la Turquie, l'Italie et l'Allemagne, au point de vue politique et militaire son alliance mérite d'être recherchée. Bismarck a besoin de son secours pour conserver la paix de l'Europe ou, ce qui serait plus correct, la paix de l'empire Allemand.

Avec son alliance, Bismarck a très peu à craindre de la Russie ; et avec celle de la Russie, il n'a rien à craindre du reste de l'Europe, comme la Russie, ou l'Autriche, de leur côté, n'ont rien à craindre des autres puissances.

Pour arriver à cette union, voyons comment s'y prit le Chancelier.

Le souvenir de la guerre de 1866 était loin de lui gagner les bons offices et l'amitié de la cour de Vienne. Bismarck, en homme habile, s'empressa de rassurer l'empereur d'Autriche en le priant d'abord d'effacer de sa mémoire le souvenir de leur ancienne querelle. Je n'aurais jamais pensé à vous déclarer la guerre si le gouvernement français ne m'y avait poussé. Encouragez-moi à votre tour dans un conflit avec la France, donnez-moi votre approbation et je lance les armées Allemandes sur le territoire français. Le moment est bon pour engager la partie, l'empereur Napoléon III n'a ni armée, ni munitions de guerre, tandis que je me prépare depuis longtemps.

Cela dit, Bismarck fit au nom du roi son maître une déclaration de guerre à l'empire français, et en moins de six mois la France, réduite aux abois, demandait à traiter de la paix.

Les résultats de la campagne Franco-Prussienne furent contemplés d'un œil jaloux par les différentes nations Européennes qui avaient conservé la neutralité. L'Autriche crut voir un danger futur dans ce nouvel et formidable empire Allemand. La Russie ne put s'empêcher de frémir à la vue de ce puissant rival qui était son voisin.

Bismarck eut bientôt calmé toute crainte et dissipé tout soupçon.

A l'Autriche il promit de n'entraver en rien son

action dans le Sud et dans l'Est de son empire, et
l'Autriche, en effet, quelques années plus tard,
reçut, par le traité de Berlin, pour prix de sa
neutralité, un morceau d'omelette Turque, ou suivant l'expression anglaise : A good piece of pie.

Depuis ce temps-là jusqu'à ce jour, la politique
de Bismarck avec l'Autriche a été la même, et cette
dernière, reconnaissante à Bismarck pour ses faveurs passées et pleine de confiance en la réalisa-
tion de ses futurs rêves, a conservé son amitié à
l'Allemagne.

BISMARCK ET L'ITALIE

L'Italie, dans ses premières luttes contre les
États du Pape, eut l'approbation et l'appui secret
de Bismarck. Une trop ouverte approbation aurait
été nuisible au Chancelier en heurtant tant soit
peu les intérêts français et en ouvrant ainsi les
yeux de Napoléon III qui aurait pu pénétrer ses
desseins secrets.

Le jeu de la Prusse était difficile à jouer. Bismarck, avant d'en venir aux mains avec la France,
cherchait à l'isoler complètement des autres nations afin d'être plus sûr de son coup.

Aux yeux de l'Italie, il fit briller les avantages
de son unité. Rome doit devenir la capitale de votre royaume, disait-il aux Italiens. Comment pou-

vez-vous supporter que cette grande cité célèbre dans l'histoire, cette ville jadis le siège de la liberté du peuple romain, reste au pouvoir du pape? Abolissez sa puissance temporelle et emparez-vous de ses États ; laissez-lui, si vous voulez, son royaume spirituel. En délivrant ses épaules du fardeau des affaires de ce monde et en tournant son entière attention aux besoins spirituels de son cher troupeau, vous rendrez un grand service au monde catholique et au pape lui-même. Le pape sait, en effet, qu'on ne doit servir deux maîtres à la fois : Dieu et le Monde; que le Messie ne se posa pas en souverain temporel, mais, au contraire, qu'il répéta à plusieurs reprises : Mon royaume n'est pas en ce monde; rendez à César ce qui appartient à César et à Dieu ce qui appartient à Dieu ; les renards ont leurs tanières mais le fils de l'homme n'a pas même où reposer sa tête; le serviteur n'est pas plus grand que le maître, et si je m'abaisse à devenir votre serviteur, ainsi devez-vous agir vous-même; ne travaillez pas pour me récompenser en ce monde, etc.

Le pape n'étant qu'un homme comme vous et moi est sujet à s'égarer. De plus il mérite toute notre sympathie. Par ses vœux il renonce au monde et à tout ce qui est mondain, mais une fois que, de simple prêtre, de son humble demeure, il se voit transporté tout à coup dans un palais, couronné d'une double couronne, changeant ses habits sombres contre des broderies d'or, de serviteur devenant maître absolu et parfois plus despotique qu'aucun tyran de l'Asie, il se prend peu à peu à aimer ce changement féerique et oublie ce que son maître demande de lui. Une telle conduite est loin de gagner les âmes à sa cause; il remplit les cœurs d'épouvante et le monde le hait tout en le craignant. Il me semble qu'il est de notre devoir de le remettre dans la position qu'il devrait occuper. Laissons-le libre de tourner ses pas de quelque côté qu'il lui semble agréable ; qu'il reste à Rome ou qu'il choisisse Berlin si bon lui semble.

Qu'il prêche Jésus-Christ et son royaume spirituel, qu'il dirige les consciences, voilà son devoir, le reste appartient à César.

Avez-vous peur de ses foudres comme les paysans du XVe siècle? Quel mal peuvent-elles vous faire? Vous êtes dans le droit et il est dans le tort et Dieu ne pourra jamais approuver sa conduite.

Je ne crains ni le Pape ni ses foudres, répond le roi d'Italie; ce que je crains c'est la France. Vous le savez les Français occupent Rome et si je touche aux intérêts français j'aurai bientôt contre moi Napoléon et son armée. Que voulez-vous que je fasse ?

Attendez, dit Bismarck. Soyez au grand jour l'ami de Napoléon et du Pape, mais clandestinement comblez Garibaldi de prévenances et d'amitiés. Aidez-le par tous les moyens possibles dans sa lutte contre le Pape et contre ses amis Italiens, car, c'est pour vous seulement qu'il travaille, et si la

France ou le Pape vous forcent à vous opposer à votre ami, faites-le, mais de cette manière : Otez-lui une lire et donnez-lui-en vingt !

Victor-Emmanuel suivit à la lettre les conseils de Bismarck. Pour le Pape et pour Napoléon III il passa pour un ami sincère qui semblait haïr et le nom et la personne de Garibaldi, mais, en sous-main, Garibaldi dans sa guerre au Sud de l'Italie et dans sa guerre contre les États pontificaux, recevait et des armes et de l'argent, voire même des hommes de la part du roi d'Italie.

Ce dernier étant enfin forcé de prendre part contre son allié, ou plutôt son *Alter ego*, le fit. Garibaldi et ses chemises rouges, tout en étant prisonniers de guerre en Piémont, étaient, en vérité, parfaitement libres, se préparant pour une nouvelle attaque.

Enfin, en 1870, la guerre éclatant entre la France et l'Allemagne, les Français, d'accord avec la prophétie de Bismarck, furent obligés de retirer leurs troupes de Rome pour les conduire sur les champs de bataille. Alors le Piémont profitant de ce secours Bismarckien, s'avança vers Rome, la prit, fonda le royaume d'Italie et mit ainsi fin au pouvoir temporel des Papes.

Garibaldi vint au secours de la France (1871). Pauvre homme, laissons ses cendres reposer en paix et ne troublons pas son repos ! c'est une disgrâce pour le peuple français d'avoir sollicité l'aide d'un pareil champion.

La politique de Bismarck avec l'Italie avant 1871 et même après cette époque néfaste, était de faire ennemies la France et l'Italie. Il peut se féliciter d'y avoir réussi.

La patrie des Césars donna dans les embûches du chancelier. Dans ces dernières années toutefois, l'Italie, blessée de ce que Bismarck ne lui assignât pas une place de plus d'importance à la conférence Berlinoise et de plus jalouse des morceaux d'omelette assignés à l'Autriche, commença par faire la moue. Dans la question égyptienne, Bismarck, croyant regagner ses anciennes faveurs, assigna à l'Italie une place assez considérable à la conférence de Londres, et c'est alors que l'Italie, bien loin de suivre les plans du chancelier allemand, en prenant parti pour la France contre l'Angleterre, prit parti, au contraire, pour Albion, donnant ainsi à Bismarck le coup de pied de l'âne. Pour le moment, c'est l'Angleterre qui possède les bons offices et l'amitié de l'Italie et le Prince laisse faire cet écolier rebelle puisque, pour le moment, il n'a pas besoin de ses services.

BISMARCK ET LA FRANCE

Les relations politiques de Bismarck, avec la France sont, sans contredit, très habiles. Son langage est si éloquent qu'un grand nombre de politiciens français ont vu leur antipathie pour l'Allemagne diminuer peu à peu, puis tomber tout à fait. Ils ont fini par ajouter foi aux promesses du chancelier et naturellement, en suivant la pente, ils sont devenus ses amis et ont cru pouvoir effacer, des cœurs français, l'animosité qui règne entre la France et l'Allemagne. La majorité des Français ne se laissent pas aveugler, ils sont trop pleins de défiance pour leur ancien conquérant.

Pourquoi l'Allemagne chercherait-elle l'amitié de la France ?

Pour plusieurs raisons. Bismarck a fondé un grand empire, et cet empire, il veut le conserver intact, et pour le conserver dans toute sa grandeur, il lui faut la paix avec la France jusqu'à ce que l'Allemagne soit arrivée au faîte de sa splendeur et comme commerce et comme forces militaires.

Comment s'y prendra-t-il pour devenir l'ami de ses ennemis ?

En encourageant la France dans ses démêlés avec les affaires de Chine et de Madagascar. En même temps, le prince envoie commander et discipliner l'armée chinoise.

C'est surtout en Égypte que Bismarck remplit un rôle important.

Voilà une contrée jadis florissante, le berceau de la civilisation de l'Est dans les temps anciens, et aujourd'hui, hélas ! un vaste désert de sables, parsemés çà et là par les ossements des Pharaons, des Ptolémées et des Césars ! Néanmoins, c'est vers ce désert que sont tournés en ce moment les yeux de l'Europe. Empereurs, rois et présidents de République, ils contemplent tous avidement ce pauvre Turc qui vient de tomber écrasé sous le poids de ses bêtises et de ses folies, de son apathie et du mauvais vouloir de son gouvernement.

Les uns veulent le remettre sur pied après lui avoir donné de bons avis. Les autres veulent absolument le débarrasser du poids qui l'écrase et s'en charger eux-mêmes.

John Bull, les mains dans ses poches, dit : « *I undertake to se him right again, and if he cannot bear his weigt, well ! my shoulders are strong enough ; I shall be happy to relieve him.* » Personne ne doute que John Bull ne fût bien aise de se charger du fardeau.

La France, avec grand calme, répond à l'Angleterre : Mon cher voisin, je ne doute nullement ni de votre désintéressement, ni de votre charité pour notre pauvre ami, maintenant dans de mauvaises affaires, mais, comme je le connais parfaitement, je me charge moi-même de lui venir en aide et de laver toutes ses taches avec les eaux des deux Océans que le grand Français — j'ai nommé M. de Lesseps — a eu l'extrême obligeance de mélanger, si toutefois nos bons confrères veulent bien y consentir : Ou bien encore je vous laisse parfaitement libre de remettre le Khédive sur ses pieds ; seulement, vous me permettrez de prendre son bras gauche pendant que vous prendrez son bras droit,

et à nous deux nous le soutiendrons jusqu'à ce que
sa jeunesse revive, ou jusqu'à ce qu'il tombe tout
à fait ; en ce cas, nous partagerons son maigre
héritage.

Pas de ça, répond l'Angleterre. Je veux être
seule. Je connais fort bien le fameux canal que
vous avez eu l'obligeance de mettre à ma disposi-
tion, il me sert assez souvent pour me rendre dans
les Indes et est devenu pour moi comme une possession. Si vous voulez me le céder entièrement, je
me charge de le fermer à ce Turc ; je paierai ses
dettes, et de plus, je vous indemniserai au moyen
d'une grosse somme d'argent pour la cession de
tous vos droits.

Bismarck cligne alors de l'œil et demande à
Alexandre s'il est disposé à accepter un pareil état
de choses, lui représentant que le but de l'Angleterre est de se rendre maîtresse de la Méditerranée
et de commander ainsi sa voie navale jusque dans
le royaume des Indes, de sorte que Constantinople
ne vaudrait plus un rouble pour le czar. Tâchons,
lui dit-il, d'engager la France à ne pas accepter
l'offre de l'Angleterre. Semons la discorde entre
les deux pays et, s'ils en viennent aux coups, pro-
fitons-en. Quand ils seront presque épuisés, vous
pourrez alors tomber sur l'un et moi sur l'autre.

Une conférence a donc lieu dans la capitale
anglaise. Gladstone, apercevant et le but et les in-
trigues du chancelier, prend soin de ne pas donner
dans le piège, et s'attire ainsi la haine du prince

qui ne peut souffrir que l'on soupçonne ses des_
seins. Tenez bon, disait Bismarck au gouvernement français, ne cédez pas un pouce à l'Angleterre,
et soyez assuré et de mon appui et de l'appui du
Czar. C'est une honte pour l'Angleterre, qui après
avoir tourné en ridicule l'entreprise de M. de
Lesseps, chercherait maintenant à accaparer tous
les avantages de l'œuvre, et à vous déposséder de
la Méditerranée qui est et doit être votre propriété.
Reconnaissez aussi l'influence de l'Angleterre dans
Madagascar qui, sous le manteau de la religion,
cherche à vous créer des difficultés. Seriez-vous
disposée à vous soumettre à ses caprices ? N'a-t-elle
pas déjà assez de terre que vous ne pourriez
remuer un pas sans qu'elle vienne se mêler de vos
affaires ?

Qu'elle songe à ce qu'elle possède, elle a de
quoi faire. Restez donc ferme et, la Russie et moi,
nous allons vous donner un coup de main. Je vais
tâcher de me placer à ses côtés en Afrique et le
czar va lui donner du fil à tordre en Asie. Dé-
ployons nos trois étendards et l'Angleterre se
courbera devant nous.

Le gouvernement du quai d'Orsay donna dans
le piège qui lui était tendu ; maints journaux fi-
rent les éloges de Bismarck en criant sus à l'Angleterre.

Waddington, qui savait fort bien discerner le bien
du mal en matière politique et conduire les affaires d'une manière favorable et pour la France et

pour l'Angleterre, ne voulut à aucun prix rompre la paix des deux pays et espéra conserver cette paix encore bien des années.

Que gagnerait en effet et la France et l'Angleterre dans une rupture? Rien, au contraire, elles auraient tout à perdre et avanceraient les desseins ambitieux des autres nations Européennes ; tandis que, ces deux États étant liés ensemble par les liens d'une solide amitié et d'une ferme alliance, ils peuvent tourner le dos à Bismarck.

La France et l'Angleterre sont deux puissances maritimes formidables. Elles possèdent en outre dans leur sein des ressources qu'aucune autre puissance ne possède, et en agissant ensemble elles ne peuvent qu'accroître et le prestige et la prospérité de leurs sujets. A elles deux elles peuvent, en cas de guerre, affamer les autres puissances en arrêtant leur commerce et, avec leurs flottes, transporter des troupes sur n'importe quel point menacé.

En cas de guerre entre la France et l'Angleterre, on ne peut attendre que calamités pour l'une et pour l'autre. Toutes les deux seront épuisées avant de mettre bas les armes, et alors l'on verra d'un côté l'Allemagne tomber sur la France et sur les colonies anglaises, car c'est à un empire colonial qu'aspire Bismarck ; de l'autre côté la Russie fera un grand pas et sur Constantinople et sur l'empire des Indes. Impossible alors de tenter la moindre résistance devant cette double attaque.

La France et l'Angleterre doivent donc rester unies si on ne veut s'attendre à de grands et inévitables désastres.

BISMARCK ET L'ANGLETERRE

Le jeu de Bismarck avec l'Angleterre n'est pas très facile à jouer. Ce n'est pas par des grands mots, des promesses ou des menaces qu'il peut émouvoir les Anglais. Non, John Bull est très lent à se mettre en colère ; et rit ordinairement de celui qui prend le mors aux dents. Il sait fort bien que la tempête ne peut durer longtemps.

Il demande le raisonnement; il pèse ses paroles. Aussi c'est très rarement que vous le trouvez jaseur ; il sait trop, par son expérience journalière, ce qu'il lui coûte à gagner, son or, et c'est pourquoi il est fort parcimonieux de son temps.

Bien que la politique de Bismarck soit grandement aidée par les nombreuses alliances germaniques à la famille d'Angleterre, il a néanmoins à bien peser ses paroles, ses pas et ses actions. Bismarck doit chercher à créer des difficultés à l'Angleterre par des menées étrangères et à les lui montrer, tout en les augmentant s'il est possible.

En 1869 le grand chancelier fit tout son possible pour séparer la France de l'Angleterre. Cette der-

nière, oubliant que c'était côte à côte des Français qu'elle combattit en Crimée et en Chine,
commit alors une grande faute en restant impassible devant cette lutte inégale de la France et de
l'Allemagne. Le peuple anglais comprit bientôt
son erreur et aujourd'hui la plupart des Anglais
vous diront qu'ils commirent alors une grande
sottise.

Les relations politiques de la France avec l'Angleterre pendant le règne de Napoléon III avaient
été si cordiales que les deux peuples, dans leur
commerce intime, avaient pour ainsi dire fini par
oublier le souvenir de leurs anciennes rivalités. Et
c'est ce que l'habile Bismarck ne voulait à aucun
prix. Il aurait désiré au contraire fournir des ali-
ments à ce feu qui allait s'éteindre, tout en tenant
en mains une cruche d'huile prête à la verser sur
les charbons, lorsque le moment propice sera
arrivé.

Il trouva malheureusement dans ses efforts trop
de gens aveugles, s'ils étaient Français, ou trop
clairvoyants s'ils étaient Allemands, pour semer
l'incendie dans certaines feuilles parisiennes. C'est
alors que, prenant en mains le langage peu mesuré
d'une partie de la presse française, il s'en servit
pour accuser la France à l'Angleterre et démon-
trer à cette dernière l'ingratitude de la première.

Plus tard, quand la France, sous l'instigation
de Bismarck, fut assez folle pour entreprendre sa

campagne contre la Chine, que fait le chancelier ? Il tâche de tourner les yeux anglais vers les encrochements français et à leur montrer les entraves auxquelles leur commerce est soumis ; de plus il montre à l'Angleterre que la France désire fonder un empire dans l'Est pour être bientôt en état de l'attaquer dans son empire de l'Inde. Néanmoins ses insinuations sont acceptées avec réserve et le gouvernement anglais se contente de rester spectateur impassible sans faire aucune remontrance à la France.

Repoussé sur ce point, que fait Bismarck ? Lui, comme le czar de Russie, il profite de l'état déplorable où se trouve cette poignée de héros anglais dans le Soudan pour pousser ses conquêtes vers l'Afrique. Et, bien qu'il n'arrive pas précisément à obtenir tout ce qu'il désire, il réussit cependant à mettre un pied sur cette terre vierge, espérant un jour se rendre maître de l'empire du Maroc, et à regarder en face la fortune anglaise de Gibraltar. Si les Anglais n'ouvrent pas les yeux il se pourrait que dans un temps donné et qui n'est peut-être pas éloigné le grand chancelier dirigeât la gueule de ses canons sur la vieille forteresse.

L'Angleterre a des droits au royaume du Hanovre et au duché de Brunswick auxquels elle n'a pas renoncé ; est-ce que Bismarck est disposé à les reconnaître ? Bien loin de là ; ce n'est pas probable qu'il aime à voir un étranger venir se fixer dans ses domaines, surtout un Anglais.

BISMARCK ET L'ESPAGNE

L'Espagne étant située au sud de la France ses deux bras s'étendant l'un dans la Méditerranée et l'autre dans l'Océan Atlantique, ne pouvait s'empêcher d'attirer sur elle les regards avides de Bismarck, aussi est-ce vers elle que tout dernièrement encore il a lancé les traits de sa politique. Cette puissance est pour lui d'un grand prix vis-à-vis de la France, de l'Angleterre et même de l'Italie.

La politique espagnole valut à Bismarck 5,000,000,000 fr. et deux provinces. Il n'est pas satisfait : trois parts ne lui suffisent pas. Plus avide que le lion de la fable il veut avoir l'âne avec sa peau.

Le trône d'Espagne se trouvant vacant, Bismarck fit retentir aux oreilles de l'empereur français, pour prix de sa neutralité envers l'Autriche en 66 son désir d'offrir, comme candidat, un prince de la maison des Hohenzollern. Il savait très bien comment une pareille proposition serait acceptée aux Tuileries. L'empereur protesta ; des protestations on en arriva aux coups, ce que Bismarck désirait. Les résultats de cette lutte sont connus. Hohenzollern fut ignoré et la maison de Savoie envoya sur le trône le jeune Amédée qui ne put longtemps conserver la couronne. Bismarck, voyant que les Espagnols n'étaient pas très épris du Savoyard, lui tourna le dos et jeta ses yeux sur Alphonse. En Autriche, en Angleterre et en France, Alphonse eut à ses côtés des émissaires de Bismarck qui le convertirent au chancelier. Une fois devenu roi d'Espagne, Bismarck lui prodigua ses caresses, flatta sa fierté castillane et gagna son cœur. Pauvre Alphonse ! il fut entièrement gagné au chancelier et plaça sa petite main dans la main de fer du diplomate allemand. Pour affermir cette amitié, Bismarck crut bon de déployer devant les yeux du jeune roi l'étalage de ses forces militaires, et c'est pour cela qu'il l'invita aux grandes manœuvres de l'armée allemande. Alphonse se rendit de bon gré à cette invitation et une fois arrivé en Prusse, tous les témoignages de la plus basse flatterie lui furent prodigués et de la part du roi et de la part du chancelier. Les forces de l'Allemagne passèrent devant les yeux du roi d'Espagne dans un ordre si précis qu'il en fut émerveillé. Le corps des uhlans surtout attira son attention, attention qui valut au pauvre roi d'en être nommé colonel, grade qui, à son passage à Paris, lui valut les insultes de la populace. Les insultes prodiguées au roi d'Espagne blessèrent gravement l'orgueil espagnol. C'est ce que Bismarck voulait. Les Espagnols oubliant leurs différentes opinions politiques se rangèrent autour de leur souverain et exigèrent de la part du gouvernement français des réparations pour les insultes que le roi avait reçues de la part de la population parisienne.

La controverse, ardée par les journaux Allemands, envenima les esprits Espagnols contre les Français et la France se vit obligée de faire amende honorable à l'Espagne. Depuis cette époque jusqu'à ce jour la France et l'Espagne sont restées ennemies. L'Espagne et l'Allemagne se regardent toutes deux d'un mauvais œil.

Après avoir gagné l'amitié du roi d'Espagne Bismarck chercha à acquérir celle de ses courtisans et de ses généraux. Il ne pouvait leur donner de l'or, mais il pensa que quelques décorations seraient pour eux d'un prix aussi précieux que ce vil métal. Les décorations furent acceptées avec plaisir et reconnaissance.

Ayant ainsi séparé la France de l'Espagne, le chancelier fit jouer ses ressorts politiques pour créer des difficultés commerciales entre l'Angleterre et l'Espagne et réussit à empêcher la conclusion d'un traité de commerce entre ces deux nations, comme il avait empêché qu'un pareil traité ne fût conclu entre la France et l'Angleterre.

Le prince, voyant que sa politique avait réussi si loin et croyant que les honneurs prodigués aux Espagnols avaient attaché leurs cœurs à sa personne, crut pouvoir chercher un dédommagement pour ses efforts. Il voulut alors s'approprier les Carolines. Mais comme Napoléon Ier Bismarck trouvera dans l'Espagne un rocher escarpé qu'il me pourra franchir et que sa puissante artillerie ne pourra briser. L'histoire d'un Napoléon qui était, il doit l'avouer, bien plus puissant que lui et *l'histoire de la République Romaine* lui fournissent des exemples qui ne peuvent manquer d'arrêter son attention et de le faire penser avant d'agir. Va-t-il s'arrêter et reconnaître qu'il a tort? Je ne le crois pas. Mais que peut-il faire en cas de guerre avec l'Espagne? Il n'a pas la moindre intention de porter ses armes sur le territoire Espagnol de l'Europe, mais il peut les porter sur le territoire colonial de l'Espagne où il aura beaucoup de chances. Seulement il n'en arrivera pas à cette extrémité avant d'avoir épuisé toutes les ressources de sa politique qui sont fort nombreuses. Il n'aime pas à voir le cœur des Espagnols se tourner vers la France et vers l'Angleterre. Une république Espagnole ne pourrait répondre à ses desseins. Cette république, quoique le monde politique puisse en dire et quelles que puissent être les pensées arrêtées du chancelier, ne manquerait pas de tourner ses yeux vers sa sœur aînée la France et faire cause commune avec elle. Si la sagacité de Bismarck s'aveuglait jusqu'au point de tourner entièrement le dos à l'Espagne, quels que pussent être ses avantages coloniaux, ils seraient de fort courte durée.

Mais, dira-t-on, il est difficile pour un personnage tel que lui de reconnaître devant l'Europe qu'il a commis une énorme faute! — Sans doute; toutefois Bismarck trouvera un exil quelque part

que nul ne soupçonne, et tout en paraissant céder
un pouce il obtiendra une coudée et l'admiration
de l'Europe. Qui sait si, quand les affaires d'Espagne en seront arrivées à une grande tension, le
grand politique ne remuera pas quelque pierre vers
quelque coin de l'Est et n'attirera vers ce point les
regards de l'Europe? Il aura alors beau temps avec
l'Espagne et fera sa paix avec elle sans que personne s'en aperçoive.

BISMARCK ET LA TURQUIE

Dans ces dernières années Bismarck semble
avoir tourné ses yeux et ses efforts vers le Sultan.
Au premier abord il paraît travailler ouvertement
pour son *alliée* la Russie, mais un peu de réflexion
montrera que sous main il travaille pour lui-même.
Son travail est comme celui de la nature qui, tout
en étant lent et presque imperceptible, n'en est
pas moins certain.

Voyant le rôle important que la Turquie est ap-
pelée à jouer à cause de la position qu'elle occupe
en Europe, il croit qu'il est pour lui d'une haute
importance de s'attirer ses bonnes grâces.

La Turquie paraît être une demoiselle fort cour-
tisée par deux puissants rivaux, l'Angleterre et la
Russie, mais jusqu'ici cette belle personne semble
rester insensible à toutes leurs avances. Tantôt elle

semble prêter une oreille attentive à l'un ou tantôt à l'autre. Lorsque l'un croit que le meilleur moyen à employer pour se rendre maître de cette rebelle est de la prendre par la force, la Turquie résiste. L'Angleterre la déclare sa protégée et la Russie est obligée de lâcher sa proie. Quelque temps après, c'est l'Angleterre qui, sous un prétexte quelconque se rend en Égypte ; alors celle-ci indignée tourne ses yeux vers la Russie et lui demande main-forte. A la Russie se joint Bismarck et à son tour l'Angleterre est obligée de céder.

Bismarck a su gagner l'amitié du Sultan par ses discours flatteurs et par les chevaux dont il fit présent à ce monarque. Comme l'Angleterre, il voit que la Turquie, bien que paraissant presque morte, possède encore dans son sein assez de vitalité pour donner du fil à tordre à n'importe quel prix.

Le Sultan a, pour ainsi dire, beaucoup plus de puissance que les papes romains. Comme les papes du moyen âge, il possède sur les mahométans une puissance spirituelle absolue, et, plus que les papes de Rome, il possède encore sur ses sujets de puissants pouvoirs temporels.

Lorsque le Sultan se trouve menacé par une puissance chrétienne, la caisse turque, qui paraissait presque vide, est bientôt remplie, non par des contributions forcées, mais par des contributions volontaires de la part des croyants. Si le Sultan, se trouvant fort pressé par une des puissances européennes ou toutes à la fois, faisait appel aux senti-

ments religieux et patriotiques du monde mahomé-
tan, il deviendrait un ennemi très redoutable.
Bismarck voyant cela ne perd pas son temps et
recherche, par tous les moyens possibles, l'amitié
du Sultan.

Voyant le Sultan admirer son armée, il lui pro-
pose de mettre la sienne sur un même pied de
guerre.

Lors de la lutte russo-turque, Bismarck, suivant
sa promesse, reste simple spectateur. Vers la fin,
voyant les progrès rapides de l'armée russe, il ne
peut s'empêcher d'être mal à l'aise et tourne ses
yeux vers l'Angleterre. La sérénité lui revint lors-
qu'il vit cette puissance épouser si chaudement la
querelle turque. Vers le dénouement, il se posa en
arbitre et remplit admirablement ses fonctions. A
l'Angleterre, pour avoir apaisé ses anxiétés, il
donna l'île de Chypre; à la Russie, peu de territoire, mais une grande somme d'argent et, de
plus, la création de royaumes et de principautés
dont la Russie espère se rendre maîtresse. Quant
à lui, il se contenta de sonder les différentes puissances assemblées, sur leurs droits réels ou pré-
tendus dans les colonies, afin, sans trop les heur-
ter, de se créer quelques pieds-à-terre hors de
l'Europe.

Les possessions de l'Espagne et de l'Angleterre
ne furent pas oubliées. Les Carolines et le Congo
devinrent l'objet de ses convoitises, et n'oubliant
pas les faibles droits que ces nations semblaient

avoir à ces territoires, il songea plus tard à se les approprier.

En 1884-85, les efforts de la politique européenne se portent vers l'Égypte.

L'Angleterre et la France se joignent ensemble pour anéantir la révolte d'Arabi ; mais, au moment critiqué, Bismarck, craignant à juste titre et raison, les conséquences d'une pareille alliance, par un habile coup de main parvient à séparer la France de l'Angleterre. Celle-ci restant maîtresse de la situation, abolit le double contrôle, c'est ce que Bismarck désirait. Le gouvernement anglais, se voyant alors trop pressé et trouvant que le jeu n'en vaut pas la chandelle, cherche un rapprochement avec la Turquie, tout en restant d'accord avec la France. Bismarck s'interpose et cherche à prévenir un tel rapprochement en démontrant au Sultan qu'il ne doit pas croire à la sincérité de l'alliance qui lui est offerte, que c'est l'Angleterre qui est la principale cause de l'indépendance de la Grèce, que c'est elle qui a ravi Chypre et qui voudrait avoir l'Égypte.

C'est par de telles paroles que Bismarck ébranle le Sultan, qui n'est que trop disposé à les écouter et à les mettre en pratique. Si la Turquie ne veut pas se voir chassée de l'Europe, il faut qu'elle associe ses intérêts à ceux de la France et de l'Angleterre. Avec cette triple alliance, les États de l'Ouest, alliés à celui du Sud, peuvent lutter avec avantage contre les trop puissants monarques de l'Est. Seulement, les trois premières nations doivent oublier tous leurs anciens différends et même leurs diverses opinions tant politiques que religieuses, sans quoi leur alliance ne peut être que de courte durée.

Bismarck ne peut manquer, s'il ne peut aliéner les gouvernements de ces trois puissances, ne peut manquer, dis-je, à chercher à aliéner les peuples les uns contre les autres en brandissant devant leurs yeux le souvenir de leurs anciennes rivalités ; mais ces peuples doivent fermer leurs yeux et leurs oreilles et rester inébranlables dans leur unité.

L'Angleterre et la France possèdent des ressources inépuisables, et la Turquie, tenant la clef de l'Autriche, de la Russie et pour ainsi dire de l'Allemagne du Sud, elles peuvent, avec leurs flottes, enfermer les trois empereurs chez eux jusqu'à ce que la famine les oblige à se rendre à discrétion. Ils savent et croient cela ; aussi font-ils tout leur possible pour ne pas se mettre dans un tel pétrin, en cherchant, par tous les moyens possibles, à prévenir une pareille alliance.

BISMARCK AVEC LA HOLLANDE, LA BELGIQUE ET LE DANEMARCK

Bismarck tourne toujours ses regards avides vers les trois petits États que je viens de nommer ;

mais, pour le moment, ces trois petits États trou-
vent leur paix et leur indépendance dans la petite
étendue de leur territoire. S'ils ne formaient qu'un
seul et grand royaume, la politique du chancelier
se ferait sentir ici aussi visiblement qu'elle pèse
ailleurs. Ce n'est pas qu'il ignore l'importance de
ces pays à cause de leurs rapports maritimes; il
attend seulement que le moment propice se présente pour prendre possession de l'Océan qui
porte déjà le nom de l'empire qu'il a créé.

Il doit premièrement se rendre maître des autres
grandes nations et les petites tomberont d'elles-
mêmes, soit qu'elles restent neutres dans la grande
lutte européenne, soit qu'elles prennent une part
active dans cette lutte. Il a déjà réussi à s'emparer
du Schleswig-Holstein et à séparer ainsi les frontières de la Hollande de celles du Danemarck et à
mettre un pied dans la mer du Nord.

Dans quelques années, les affaires de la Hollande se compliqueront à un tel point que l'Angleterre d'un côté et l'Allemagne de l'autre aspireront
à la souveraineté de ce royaume. Bismarck ou son
successeur réclamera son annexion à l'Empire germanique comme étant une contrée alliée à cet empire et par ses mœurs, son origine et son langage.
S'il ne peut obtenir ce qu'il désire par la simple
raison, il aura alors recours à la force des armes,
et, avant que l'Angleterre puisse bouger, il aura
pris possession de la Hollande.

A quoi peut-il s'attendre alors? A une guerre

avec l'Angleterre. Quel mal l'Angleterre peut-elle faire à l'Allemagne, quand celle-ci aura à ses côtés la Russie, l'Autriche, la neutralité ou l'alliance de la France et de la Turquie? Si l'Angleterre lui fait la guerre, il sait bien qu'elle peut beaucoup avec sa flotte; mais, quant à lancer une centaine de mille hommes sur son territoire, cela lui serait complètement impossible. Supposez qu'une telle impossibilité devînt une réalité, cette centaine de mille hommes, quelque vaillants qu'ils fussent, seraient bientôt écrasés par les forces supérieures de l'Allemagne. Sa flotte serait alors réduite à se contenter de faire la guerre aux ports de mer de l'Allemagne, ce qui ne causerait pas beaucoup de dommages à Bismarck.

La Russie, de son côté, ferait une diversion en faveur de l'Allemagne vers l'Afghanistan et la Perse pour ne pas dire aussi vers les Indes. Elle a déjà obtenu, sans verser beaucoup de sang et dépenser beaucoup d'argent, des positions stratégiques dans ce pays d'une telle importance qu'en un moment donné, elle s'en trouverait maîtresse avant que les nouvelles de son agression pussent arriver en Angleterre.

Dans son entière neutralité, la Turquie fermerait le détroit des Dardanelles à la flotte anglaise qui ne pourrait, de cette manière, entamer les frontières de la Russie au sud de l'Europe. De plus, les flottes anglaises auraient à rencontrer dans le Nord les flottes unies de l'Allemagne et de la Russie qui, dans quelques années, ne seront pas à mépriser.

Le Danemarck, à cause de ses relations avec l'héritier présomptif de la couronne d'Angleterre, se trouve placé dans une telle situation qu'il lui est fort difficile de pouvoir prendre parti pour ou contre les Iles-Britanniques. Prendre parti pour cette nation serait jeter son territoire dans les bras de Bismarck ; prendre parti contre son beau-fils serait attirer la destruction de ses villes maritimes. Dans le premier cas, le monarque danois perdrait bien vite sa couronne ; dans le second, il lui serait peut-être permis de la retenir pour peu de temps encore. Une neutralité de sa part serait jouer le jeu de Bismarck aussi bien qu'une guerre ouverte.

Et la Belgique ?

La Belgique suivrait bientôt le sort des deux autres nations.

Dans un pareil conflit l'Allemagne serait loin d'épuiser les forces de l'empire !

Mais, dira-t-on, l'Angleterre ne permettra jamais une telle extension à l'Empire germanique. De nos jours, et quand une puissance est vaincue, il faut qu'elle acquiesce et qu'elle s'amoindrisse au profit du conquérant, comme la France le prouva si bien en 1871. Si la voix de l'Angleterre, dira-t-on encore, n'était d'aucune valeur, croyez-vous que la France pût sanctionner une pareille conduite du chancelier ? Dans ce cas, la France aurait ou à sanctionner cette conduite ou à faire appel aux

armes. Et qu'aurait-elle à gagner dans cet appel?
Étant restée neutre pendant que l'Angleterre s'é-
puisait en faisant face à cette double attaque, elle
se trouverait seule, l'Angleterre étant obligée à son
tour de rester simple spectatrice, comme la France
eût été obligée de le faire en 1870 si Bismarck
avait porté les armes contre une autre nation.

Une pareille calamité peut facilement être évitée
et pour cela il faut que toutes les nations de l'Europe, à l'exception des trois empires, forment une
ligne puissante et formidable capable d'anéantir
les desseins ambitieux des trois empereurs.

POLITIQUE COLONIALE DE BISMARCK

Bismarck ne peut se borner à créer un vaste
empire en Europe, il faut qu'il cherche à enrichir
cet empire. Il faut, pour que sa tâche soit achevée,
que l'empire Germanique trouve au dehors comme
au dedans une prospérité aussi florissante que
l'Angleterre. Pour avoir l'opulence il faut au chancelier de riches colonies d'où il puisse tirer l'or à
profusion.

L'Empire d'un Charlemagne et d'un Charles V,
se trouvant bornés à des possessions Européennes,
ne furent que de très courte durée; tandis que
l'Espagne pendant tout le règne de Ferdinand,
étendant ses conquêtes vers le Nouveau-Monde,

vit pleuvoir dans son sein l'or dont l'Amérique re-
gorgeait.

L'Angleterre, grâce à son admirable esprit co-
lonisateur, est devenue, ce qu'elle est, la première
puissance commerciale du monde.

La Hollande, le Danemarck doivent leurs im-
menses richesses à leurs nombreuses colonies. La
France ne reste pas en arrière, et, si elle n'avait
pas eu le malheur d'être gouvernée par Louis XV,
elle pourrait avoir de grandes possessions aux Indes
et en Amérique.

Pourquoi Bismarck ne tenterait-il pas une sem-
blable entreprise?

En effet le chancelier, profitant des difficultés
soulevées par la question Égyptienne, planta son
drapeau sur les côtes Occidentales de l'Afrique.
L'Angleterre protesta mais Bismarck, tout en semblant donner satisfaction à l'Angleterre, resta pai-
sible possesseur de ses nouvelles acquisitions. Plus
tard, après avoir bafoué l'Espagne, il prit possession d'une grande partie de l'Archipel des
Carolines. Au premier abord ces îles paraissent de
peu d'importance, mais le chancelier Allemand ne
pense pas de même. Elles sont pour lui comme un
riant oasis pour une caravane au milieu des sables
brûlants du Sahara.

Les conquêtes coloniales de l'Allemagne sont
lentes mais elles sont certaines. L'empire Allemand
ne fut pas créé en un jour et Bismarck y employa
un grand nombre d'années. Pour arriver à se créer

des possessions il ne fit pas usage de la force, mais bien de la persuasion. Comme un serpent il s'insinue partout où il trouve moyen de pénétrer et, une fois qu'il est dans la place, il devient impossible de l'y déloger.

BISMARCK ET LA BULGARIE

Cette pierre de l'Est dont nous avons parlé dans un chapitre précédent, a enfin été remuée par le grand homme. Seulement cette lourde pierre étant placée sur le sommet, disons de l'ancien Olympe, sa vitesse se trouve être tant soit peu rapide et le bruit de sa chute un peu trop retentissante pour attirer vers elle et vers les mains de celui qui la lança les regards de l'Europe entière.

Pauvre chancelier de fer, il a encore une fois dépassé son but! Cependant le proverbe semble dire qu'avec l'âge croît la sagesse! Peut-être que ceci est une exception qui prouve la règle.

Un jour un gentilhomme anglais me disait que ce qui constitue le parfait gentilhomme était la Gentilité (Gentleness). Il me citait comme exemples : Alexandre, César, Napoléon et le général Grant, me disant que ces grands hommes n'avaient jamais fait preuve de brutalité. Par contre je lui citai Bismarck tout en lui demandant si ce dernier pouvait être compris dans le nombre des Grands Gentilshommes.

Oh! celui-là n'est qu'une exception à la règle, me répondit-il, et encore si le prince Bismarck est un grand homme, une partie de sa grandeur vient de ce que l'Europe lui attribue des qualités qu'il ne possède pas, ou elle le craint sans avoir aucune raison de le craindre.

Telles sont les opinions que professent la plupart des Anglais sur celui que l'on nomme Le Grand Homme.

Dans le dernier meeting qui eut lieu entre les trois empereurs, l'abdication du prince Alexandre de Battenberg fut décidée, et ceci non sans la connaissance du Prince lui-même.

La Russie, voyant que son protégé et sa créature avait secoué son joug et passé entre les mains de l'Angleterre, crut de son devoir de le rappeler à l'ordre et, dans le cas où il se montrerait récalcitrant, de lui donner congé. Il fallait pour cela consulter les deux autres couronnes impériales; et ceci fut fait.

Bismarck, voyant que l'horizon était sombre à l'Occident, et craignant d'être placé entre deux feux, chercha à s'assurer l'alliance de son puissant voisin du nord en faisant semblant d'entrer dans ses vues, et voilà pourquoi il entreprit de faire l'ouvrage de la Russie. Grâce à ses mirmidons en Autriche, il parvint à lier les mains du pauvre Joseph en faveur du Czar.

Bismarck ne croyait aucunement que les événements prendraient le cours qu'ils ont pris. Il était persuadé que l'Angleterre ne consentirait jamais à voir son protégé jeté à la porte sans faire tous ses efforts pour le rétablir dans son domaine. Malheureusement pour lui, il fut une fois encore déçu dans ses espérances. Si l'Angleterre avait été assez sotte pour prendre le mors aux dents, cela aurait servi le chancelier au delà de ses désirs, car il ne demande qu'à voir la Russie aux prises avec quelque puissance. L'Angleterre éventa le piège, et, dans un langage très clair, elle donna à entendre au prince Allemand que, puisqu'il avait suscité cette querelle, c'était à lui où à son *Alter ego*, l'Autriche, d'y mettre fin ; et que tous les secours qu'ils pouvaient attendre d'Albion ne seraient que des secours diplomatiques qui coûtent beaucoup moins cher que les secours de la poudre.

Le pauvre Bismarck se retira l'oreille basse mais ne se tenant pas pour battu. Il avait subi une défaite diplomatique, mais ses ressources n'étaient pas à bout. Il se lança à fond sur l'Égypte tâchant d'y mêler les cartes, mais n'y réussit nullement.

Quoi qu'il en soit, Bismarck s'est mis dans le pétrin. Il cherche à prévenir ce qu'il appelle une guerre européenne, mais il ne pouvait rien faire de mieux pour la précipiter.

Il a cru jouer un mauvais tour à la France, mais ce coup lui est retombé sur la tête, et notre patrie n'a jamais eu une pareille chance de mater son antagoniste à ce jeu d'échecs.

La clef de la crise Bulgare a été transférée à

Paris et nous serions bien idiots si nous permettions qu'elle nous fût enlevée. Notre tâche est facile. Tenons-nous loin de tout embrouillement avec n'importe qui.

Laissons faire les autres et, quand le moment propice sera arrivé, nous pourrons alors faire usage de cette clef et ouvrir et fermer ces portes à notre gré. Jusque-là ayons de la patience, ne faisons aucune attention ni aux critiques, ni aux louanges, ni aux caresses qui nous seront prodiguées. Laissons tout cela passer comme un souffle. Nous verrons alors que celui qui sait attendre n'a rien à perdre.

Une fois que nous aurons obtenu ce que tout cœur vraiment français désire avec tant d'ardeur, nous pourrons alors tourner notre attention vers notre pays et il deviendra du devoir de nos hommes d'État d'alléger le fardeau de nos impôts et de faire goûter à la France les fruits d'un bien-être général.

BISMARCK ET LA PAPAUTÉ

Dans la ville éternelle, dans un château bâti par les empereurs Romains, deux hommes dont les noms sont déjà célèbres dans le monde entier, deux hommes, dis-je, perchés dans leur nid d'aigle, font sentinelle. Tous les deux, les cheveux déjà

blanchis par l'âge, sont dans une anxieuse attente.
Ils plongent leurs regards dans le lointain, vers
les vastes horizons, et semblent chercher à voir
paraître un personnage attendu depuis longtemps.

Tout à coup l'un d'eux tressaille.

— Frère, pourquoi tressailles-tu ?

— Monseigneur, je le vois enfin !

— Frère, que vois-tu ?

— Je vois un guerrier déjà vieux qui dirige ses
pas vers notre demeure. Sa tête est couverte d'un
casque à la pointe de fer, un grand sabre est sus-
pendu à son côté, sa moustache est épaisse et gri-
sonnante... c'est lui !... Le voilà ! il jette en passant un regard fier et dédaigneux sur la demeure
de notre ennemi... il frappe à notre porte... de la
part de Dieu, vite qu'il entre !

Le bon vieillard est introduit. Jamais meilleure
réception ne fut accordée à un homme qu'elle ne
le fut au grand politicien d'Europe. Le souverain
catholique prodigue à son persécuteur de la veille
les adulations les plus flatteuses.

— Vous êtes le bienvenu dans mon triste palais.
La seule chose que je regrette, c'est de ne pouvoir
vous y recevoir avec les honneurs qui sont dus à
un illustre homme d'État, la gloire de son pays et
l'envie de toute l'Europe.

— Saint-Père, ce ne sont pas les honneurs que
je cherche. Je viens m'acquitter envers vous d'une
dette de reconnaissance en vous présentant mes
meilleurs remerciements pour les services impor-

tants que vous avez daigné rendre à mon maître et à ma patrie. Avez-vous quelque chose à nous demander ? Nous ferons notre possible pour vous satisfaire.

— Votre Excellence, répondit le pape, ce que mes humbles efforts ont pu accomplir n'est que le devoir recommandé par Dieu, notre divin maître, et si ces faibles efforts ont tant soit peu réussi, la gloire n'en est pas due à moi mais à celui qui règne dans les cieux. Les Allemands aussi bien que les Espagnols sont mes fils, et je porte à tous le même amour paternel. Comme père, je dois faire tout mon possible pour conserver cet attachement filial qui doit exister entre les enfants d'une même famille, et surtout prévenir l'effusion de sang entre deux nations qui me sont si chères. Si j'ai réussi dans cette entreprise, je m'estime trop heureux ! Si encore je puis cimenter une alliance de frères entre ces deux peuples, si surtout je puis rétablir, par votre intermédiaire, la paix et la concorde dans l'empire d'Allemagne, mes cheveux blancs pourront alors descendre en paix dans la tombe. Quant à vous, vous pouvez faire beaucoup pour moi, grâce à votre influence sans bornes, en m'aidant à aplanir les difficultés entre votre illustre souverain et mes ouailles dispersées dans votre empire. En secondant mes efforts vous étendrez votre influence, non seulement en Europe, mais dans le monde entier ; et le peuple catholique s'écrira : Bénit soit notre défenseur !

— Sa Sainteté doit comprendre que ce ne sont pas les louanges que je cherche en ce moment, mais seulement mon vif désir de m'acquitter d'une dette de reconnaissance envers la chaire de saint Pierre. Mais, comme vous me le suggérez, je ferai tout mon possible pour rétablir votre influence dans mon nouvel empire en revisant les lois de Mai.

Tel fut le pacte conclu entre le Vatican et le grand Chancelier d'Allemagne.

A la suite de cet entretien, l'ordre du Christ fut conféré au prince de Bismarck. Cet ordre, constellé de diamants, était d'une valeur de vingt mille francs. C'est le denier de saint Pierre, argent français, qui paya les diamants offerts à l'ennemi de la France.

Il s'agit, maintenant, de considérer quelles furent les raisons qui décidèrent Bismarck à faire la paix avec le Pape.

Était-ce raison d'amitié pour sa Sainteté ?

Bien loin de là ; pas même raison de reconnaissance. Le chancelier sentait le sol crouler sous ses pas dans son propre empire. Les députés radicaux du parlement Allemand ne se sentent pas disposés à reconnaître le Prince pour le souverain arbitre de l'Europe. Il existe encore un motif : C'est l'antagonisme qui existe en France entre le gouvernement de la République et le Vatican. Le Prince veut se faire un ami de la Papauté, fonder des universités pour les langues orientales où il désire former des élèves à son choix qu'il enverra comme émissaires, soit comme diplomates au cœur de la France et contre elle, soit à mettre l'armée chinoise sur un pied de guerre formidable ; afin que cette armée puisse, dans la suite, travailler pour lui en écrasant la Russie dans ses provinces Asiatiques et voire même l'Angleterre.

CONCLUSION

Voilà des choses sérieuses que vous avancez sur le prince de Bismarck, diront certaines gens. Comment pouvez-vous connaître ses desseins ? Est-ce que par hasard le grand chancelier vous aurait admis dans ses confidences intimes ?

Il importe fort peu, leur répondrai-je, de connaître les moyens que j'ai employés pour me rendre maître des secrets de Bismarck. C'est pourtant en suivant pas à pas les actions du Chancelier et de ses émissaires, dans leurs rapports avec les différentes puissances de l'Europe, en pesant chacune de leurs paroles, que l'on arrive facilement à former ces conclusions.

D'autres diront : Nous connaissons de longue date tout ce que vous venez d'avancer et vous ne nous apprenez rien de nouveau ! Cela peut bien être : mais tout le monde n'est pas comme vous et moi. Il y a des gens aveugles auxquels il faut rendre la vue. Il y en a d'autres qui voient de travers

et qui croient que Bismarck est un politique tout à
fait désintéressé ne cherchant que la paix de l'Europe. Ceux-ci doivent d'abord se demander ce que
Bismarck nomme Europe et ils verront que le mot
Europe signifie pour Bismarck l'Allemagne seulement ; secondement, que pour obtenir la paix de
l'Europe ou de l'Allemagne Bismarck doit *Parare
Bellum*, la faire et donner une réalité à son idéal.
Il y réussira certainement à moins que les autres
puissances n'ouvrent les yeux et ne fassent face au
danger. Si elles persévèrent à voir un ami dans le
Chancelier d'Allemagne et à prêter une oreille attentive à ses insinuations, l'heure du réveil sonnera
malheureusement trop tard pour elles, et elles ne
s'éveilleront que pour se trouver les dupes de l'Allemagne ! Elles pourront alors tourner leurs yeux
de tous côtés, afin d'y chercher un point d'appui,
mais tout soutien s'enfuira devant elles ; rien ne
pourra prévenir leur chute !

Plut à Dieu que les futures victimes de Bismarck
pussent se réveiller, secouer leur léthargie, briser
le charme et prévenir ainsi un cataclysme qui
devient inévitable pour l'avenir !

Châteauroux. — Typ. et Stéréot. A. MAJESTÉ.

L'ALLIANCE
FRANCO-RUSSE
ET LA
COALITION EUROPÉENNE
PAR UN GÉNÉRAL RUSSE
DEUXIÈME ÉDITION

Brochure grand in-8.................................... 1 fr.

LES ADVERSAIRES NATURELS DE L'ALLEMAGNE
RUSSIE ET FRANCE
PAR UN DIPLOMATE RUSSE
DEUXIÈME ÉDITION

Un beau volume grand in-18.................................... 3 50

LES
MENÉES DE M. DE BISMARCK
EN ORIENT
POLITIQUE APPARENTE ET SECRÈTE
DES PUISSANCES DANS LE LEVANT
PAR F. BIANCONI
Ancien ingénieur en chef des chemins de fer ottomans
ET PH. GUILHON

1 volume in-8.................................... 3 »

COLAS (CLAUDE-CHARLES)

Coqs et Vautours. Magnifique édition, ornée de 48 compositions
par BERNE-BELLECOUR, JEANNIOT, DUPRAY, FERDINAND BAC, KAUFF-
MANN, GLÉRICE, dont 10 tirées à part hors texte. 1 vol. in-8
écu.................................... 5 »
*Il a été tiré 600 exemplaires numérotés, dont 300 exemplaires sur
papier impérial du Japon, à 20 fr : et 300 exemplaires sur papier de
Hollande, à 10 fr.*

La guerre Franco-Allemande de 1870-71. Rédigée par la section
historique du grand état-major prussien, sous la direction du
feld-maréchal comte de Moltke, traduction de M. le chef d'es-
cadron Costa de Serda, de l'état-major français et M. le capitaine
Ch. Kissler, professeur d'allemand à l'École supérieure de guerre.
20 fascicules in-8 avec de nombreuses cartes, des plans et des
croquis.................................... 180 »

BISMARCK (PRINCE DE)

Discours avec sommaires et notes,
(1862 à 1886). 13 vol. in-8.................................... 121 25

CASTELNAUDARY. — Typ. et stéréotyp. A. MAJESTE.

www.ingramcontent.com/pod-product-compliance
Lightning Source LLC
Chambersburg PA
CBHW061309060726
47596CB00002B/830